给2岁孩子的故事

禹田文化 / 编

海豚出版社
DOLPHIN BOOKS
中国国际传播集团

前 言

　　好习惯能让人受益终生，而且越早养成好习惯对孩子越有利。2岁正是培养孩子各方面能力的最佳时期，在这个时期建立的意识形态和养成的习惯，会影响孩子一生。

　　《给2岁孩子的故事》以培养孩子的好习惯为出发点，收录的故事都反映了孩子身上的小问题，家长在给孩子讲这些故事时，能潜移默化地影响孩子，更好地引导孩子的行为。除此之外，本书挑选的故事大部分展现了幼儿园的生活场景，有利于2岁孩子初步接触、

了解幼儿园生活，为以后入园做好心理准备。

希望家长们能合理利用这本专为2岁孩子打造的故事书，用心陪伴孩子阅读，让孩子在阅读中找到快乐，健康成长。

目录

- **001** 我爱讲故事
- **016** 我不敢讲故事
- **030** 我只看一集动画片
- **044** 我做事不拖拉
- **070** 只有我的最好
- **084** 我不说谎
- **098** 都是走神儿惹的祸
- **112** 我能认真听讲
- **126** 我会保护自己
- **152** 就不给你玩
- **164** 我们一起玩
- **178** 我能自己做

给2岁孩子的故事

我爱讲故事

幼儿园要举办故事会了。

小老鼠吱吱心想：这可是我大显身手的好时机！我最喜欢讲故事啦！

003

离故事会还有三天。

第一天，吱吱把故事背得滚瓜烂熟。

第二天，吱吱一直在对着镜子不断调整自己讲故事的手势和神态。

第三天，在妈妈的帮助下，吱吱一直练习用 5 分钟的时间把故事讲完，而且语速不快不慢，恰到好处。

明天就要登上讲台，参加幼儿园的故事会啦！
吱吱非常激动，也有一点点紧张。

加油!
你是最棒的!

故事会开始了。

本来吱吱是最后一个登场的。

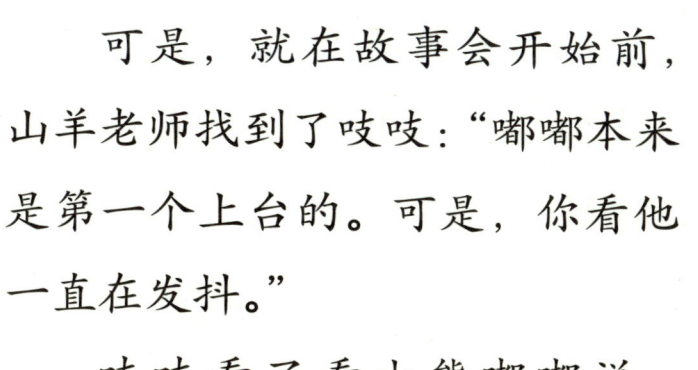

可是，就在故事会开始前，山羊老师找到了吱吱："嘟嘟本来是第一个上台的。可是，你看他一直在发抖。"

吱吱看了看小熊嘟嘟说："那我第一个上吧！"

吱吱第一个上场,他深深吸了口气,让自己平静下来。他告诉自己:加油吱吱!你一定行的!你是最棒的!

天哪，怎么连故事名字都忘记啦！

吱吱赶紧静下心来，深呼吸。

对了，他要讲的是《小老鼠偷油吃》的故事。

吱吱声音洪亮地讲起了故事。

小兔子莎莎听得多认真啊！连眼睛都不眨！

小猫妙妙听得多认真啊！都没察觉拿在手里的布娃娃掉在地上了！

小熊嘟嘟听得多认真啊！都忘记紧张和发抖啦！

013

吱吱越讲越起劲,越讲越放松。等到吱吱把整个故事都讲完了,大家都还沉浸在故事里,久久没有回过神来。

"啪啪啪！"小朋友们使劲鼓起掌来！吱吱呢，在大家的掌声中，他就像个小明星一样走下了讲台，自信满满！

给2岁孩子的故事

我不敢讲故事

幼儿园要举办故事会，大家都抢着参加。

小熊嘟嘟看大家讨论得很热烈，悄悄扭过身子对着墙角，一个劲儿地摇头："别……别叫我！"

吱吱笑着举手:"老师,嘟嘟要讲《小熊过河》的故事!"

嘟嘟急了:"我没有报名!不,我不!"

老师说:"嘟嘟,每个小朋友都要上台讲故事,所以你好好准备一下吧,不用太紧张。"

这可怎么办啊！嘟嘟不敢上讲台讲故事！

妙妙安慰他："不要紧张，嘟嘟，还有三天的时间可以准备呢！你平时讲得多好啊！"

第一天，嘟嘟认真地准备着自己要讲的故事。

第二天，嘟嘟在想不去参加故事会的理由。

第三天，嘟嘟又在翻来覆去地背故事了。

怎么办！明天就要上台讲故事了。

万一我忘词了，怎么办？万一小伙伴们笑话我，怎么办？万一大家说我讲得不好，怎么办？

故事会准时开始了。

第一个上台的是吱吱,别看他个头儿小,嗓门儿却很大,小朋友们都为他鼓掌!

嘟嘟脑门开始出汗了。

接下来是妙妙。讲着讲着,妙妙忘词了,莎莎小声提醒她,她很快想起了故事内容,继续把故事讲完了。

嘟嘟觉得嘴巴干干的。

下面，轮到嘟嘟了！

嘟嘟站起来，他觉得腿软软的，上讲台的时候都没注意到台阶，摔了一跤。"哈哈哈！"小朋友们都笑了。

嘟嘟更紧张了，他哆哆嗦嗦地开口："我……我给大家讲的……是……是……《小熊过河》的故事……"

嘟嘟努力扯着嗓门儿大声说话，可身体抖成一团，也不知在说什么。

讲着讲着，嘟嘟忘词了，他看见莎莎眼睛一动不动地盯着自己，明显已经走神儿了。

妙妙也没在听他讲故事，注意力都在手中的绘本上。

而小老鼠吱吱听着听着，已经开始呼呼大睡啦！

嘟嘟明白了，一定是所有的小朋友都不想再听自己讲故事了。他不想继续站在讲台上了。

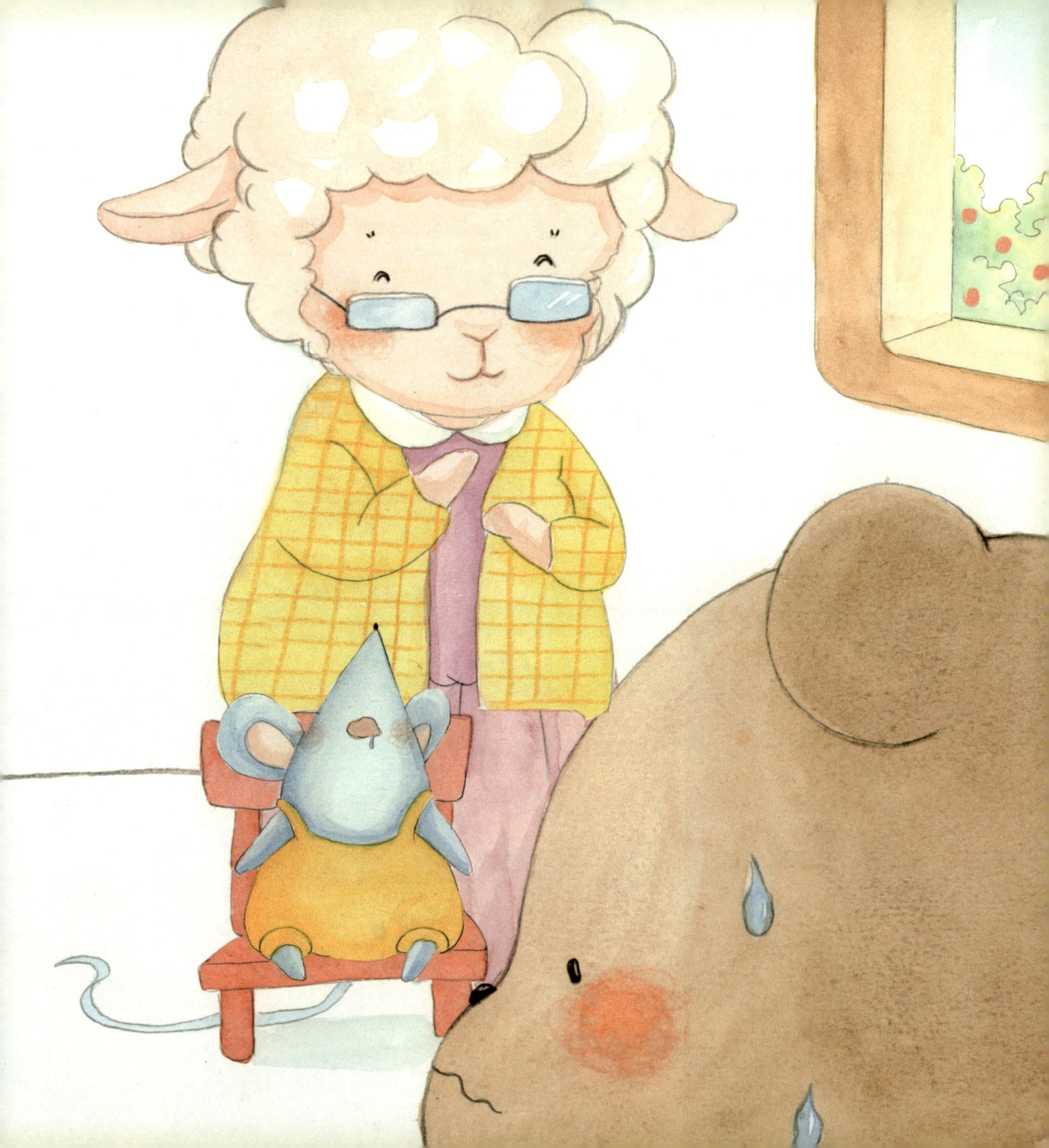

这时，莎莎大声说："嘟嘟，我听得都入迷啦！"妙妙也开始不停地提示嘟嘟，原来她刚才正在绘本里找嘟嘟讲的故事。吱吱呢？他担心嘟嘟紧张，所以装睡，不看嘟嘟。

在大家的鼓励和帮助下，嘟嘟终于把故事讲完了。原来，上台讲故事，也不是那么困难啊！而且，大家都觉得嘟嘟的故事讲得很棒！

给2岁孩子的故事

我只看一集动画片

放假前，小朋友们一起聊天。

嘟嘟问："昨天看《小动物奇遇记》了吗？"

妙妙乐了："看了！看了！里面那只小猫真聪明！"

吱吱说："才不是，我觉得小老鼠才是最厉害的！"

到底谁厉害，妙妙和吱吱吵了起来。

嘟嘟想：如果在假期可以一口气把《小动物奇遇记》看完，那该多开心啊！

假期第一天，吃过早饭，嘟嘟拿起了平板电脑。他要一口气把《小动物奇遇记》看完。

这时，妈妈来了："嘟嘟，妈妈知道一个让动画片越来越好看的秘密，你想知道吗？"

嘟嘟好奇地看着妈妈。

是真的吗？

不信,咱们试试?

妈妈笑了:"你每天都在固定的时间看一集。这样,带着期待的心情往下看,动画片就会越来越好看。"

就这样，嘟嘟和妈妈约定好，每天下午六点半，嘟嘟都准时看一集《小动物奇遇记》。如果嘟嘟遵守约定，坚持一个月的话，妈妈还会送给嘟嘟一个神秘的礼物。

035

第二天，吃过晚饭，六点半，终于可以看《小动物奇遇记》了！

嘟嘟已经期待了整整一天。他激动极了，连眼睛都舍不得眨，每分每秒都要用来看动画片！

一转眼，一集播放完了。嘟嘟真想继续接着看！

可是，妈妈说明天再看，动画片会变得更好看，而且妙妙已经来找他去拉琴了。

于是，嘟嘟就跟着妙妙一起走了！

有一天，又到看动画片的时间了，嘟嘟刚坐好，就听见妈妈说："哎呀，客人马上来了，可我忘了买水果……"

妈妈，我帮您擦桌子，您去买水果吧！

客人走了，离睡觉的时间还早，妈妈亲自打开了平板电脑，陪着嘟嘟一起看了《小动物奇遇记》。嘟嘟觉得，这是他看过的最最好看的一集。

040

不知不觉，一个月过去了。

这天，妈妈打开了一个纸盒子，里面有好多个小纸团。

"选一个吧，嘟嘟！"妈妈笑着说，"你想做的事都在这儿……"

嘟嘟捏起一个纸团打开一看："哈哈，这个月的神秘礼物就是周末可以去游乐场玩！"

太好喽！

每天下午六点半,嘟嘟都准时看一集《小动物奇遇记》。

有时候,他一个人看。

有时候,妙妙和莎莎会跟他一起看。

有时候，爸爸妈妈会陪着嘟嘟一起看，这可是嘟嘟最幸福快乐的时光！嘟嘟想:《小动物奇遇记》真是他看过的最好看的动画片，而且越看越好看！

给2岁孩子的故事

我做事不拖拉

幼儿园里，老师问大家："你们知道哪些动物走路慢吞吞的吗？"

莎莎说："乌龟！"

妙妙说："蜗牛！"

这时，嘟嘟挠了挠自己的脑袋，不好意思地说："还有……还有我。妈妈说我比蜗牛还慢。"

嘟嘟做事总是慢吞吞的。

要用草莓味的牙膏，
还是葡萄味的呢?

要用热水洗脸，还是
冷水呢，或者用温水?

嘟嘟洗漱完毕了。

呀!
快迟到了。

今天穿黄色的衣服吧!可哪一件图案比较好呢?
该配什么颜色的裤子呢?白色,绿色,蓝色,还是黄色?

就这样，嘟嘟总是最后一个到幼儿园。

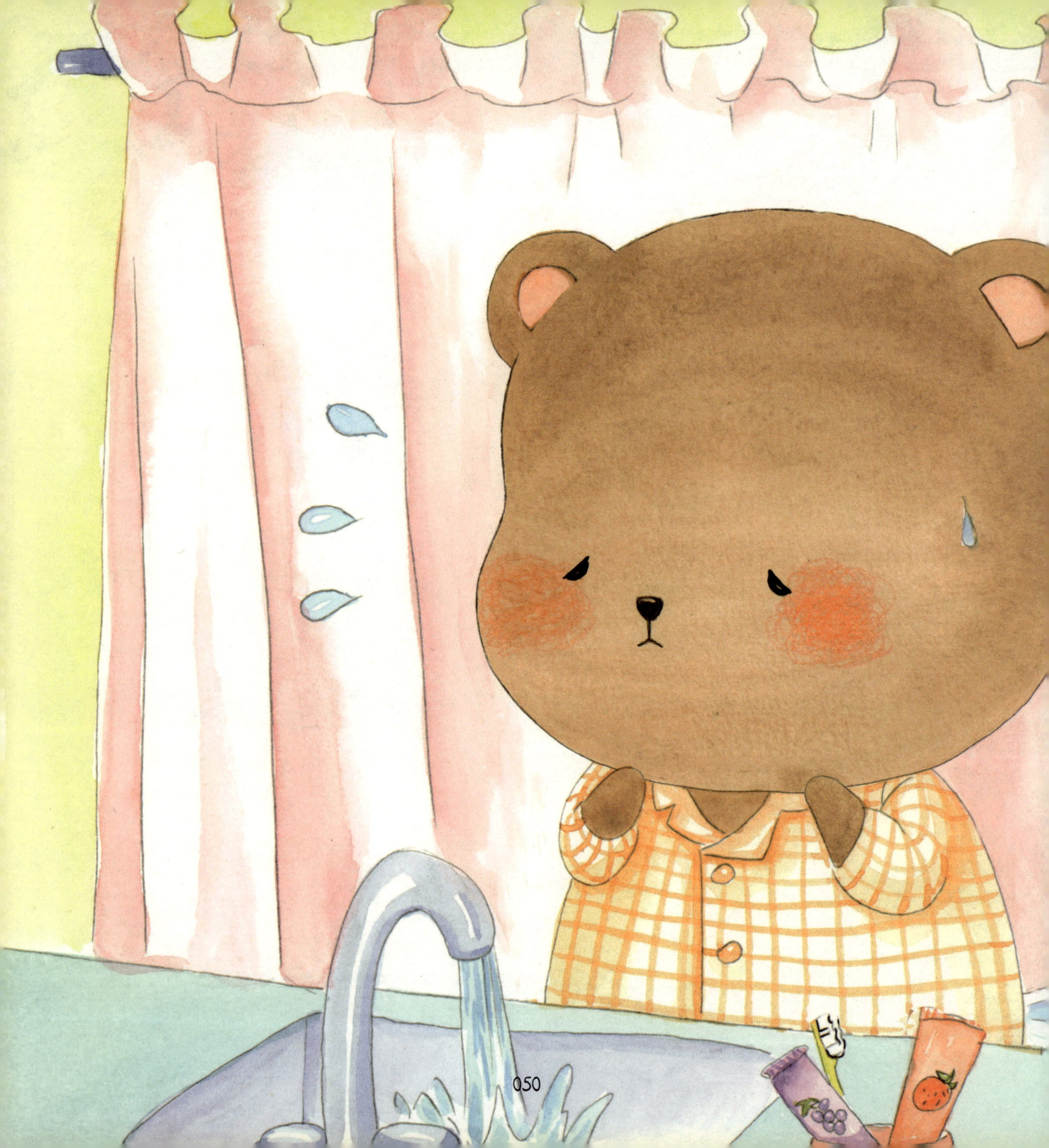

有一天,妈妈一大早去单位开会了,没人催他,他做事就更慢吞吞了。

等嘟嘟冲进教室,小朋友们看到他,都笑了起来。

上衣短了一截。

不过,最最别扭的是脚,着急出门的嘟嘟,把**鞋子穿反了**。

"咕咕咕!"

小朋友们四处张望,不知道教室里什么东西一直在"咕咕咕"地响。

嘟嘟紧紧地捂着自己的肚子。

原来，嘟嘟没吃早饭，肚子饿得咕咕叫了！

好不容易等到了十点钟,可以吃小点心啦!

嘟嘟扑上去拿了牛奶和小饼干,两口就塞进嘴巴里。可还是饿啊!

嘟嘟的小肚子又在咕咕叫了。

这回小朋友们全都听见啦!大家把自己的那份加餐都让给了嘟嘟。

嘟嘟不好意思地低下了头:都是拖拉惹的祸,这个坏习惯一定要改掉!

吱吱大声地说:"嘟嘟,让我来帮助你吧!你明天肯定不会迟到!"

我有"秘密武器"哟!

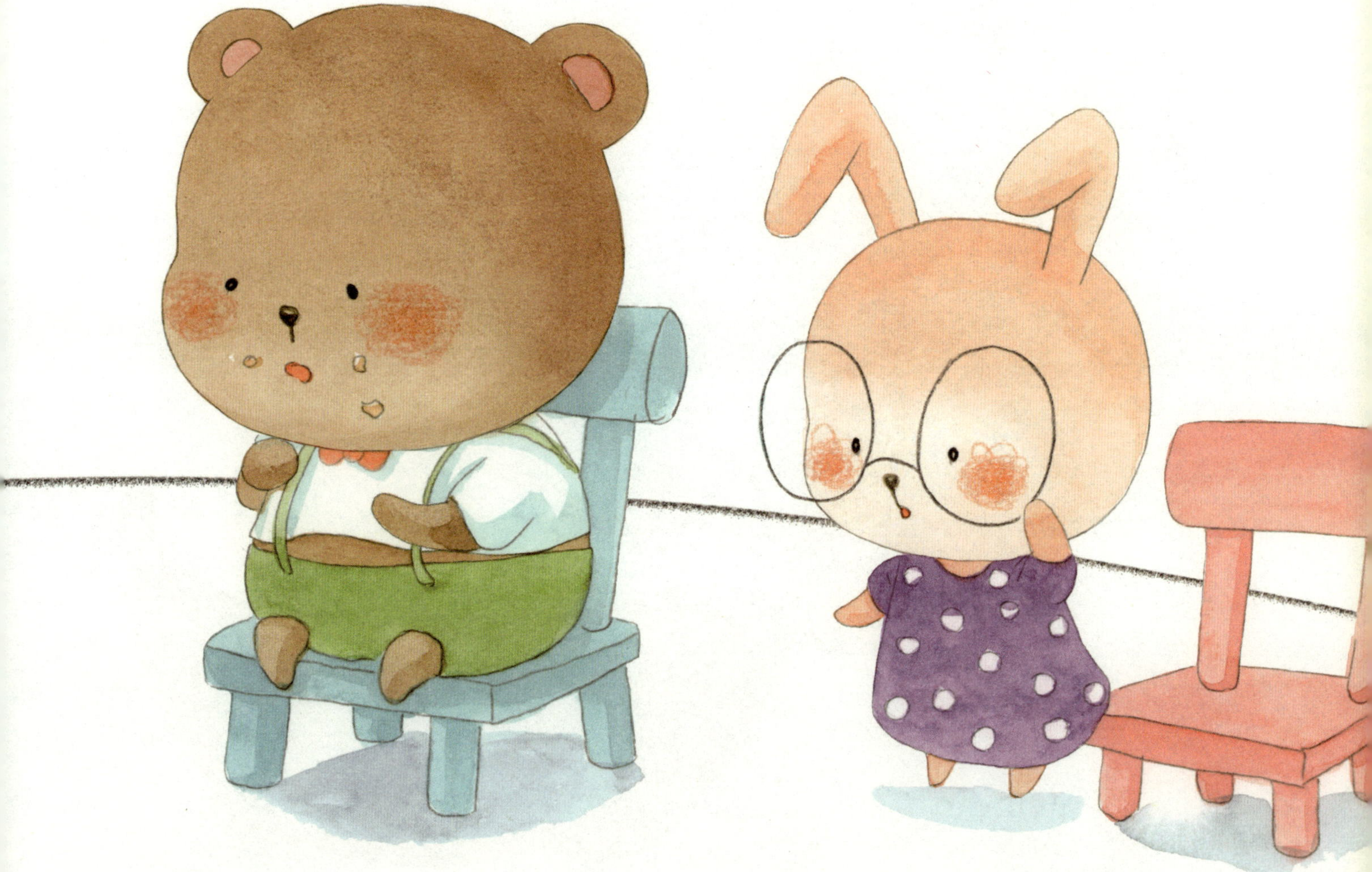

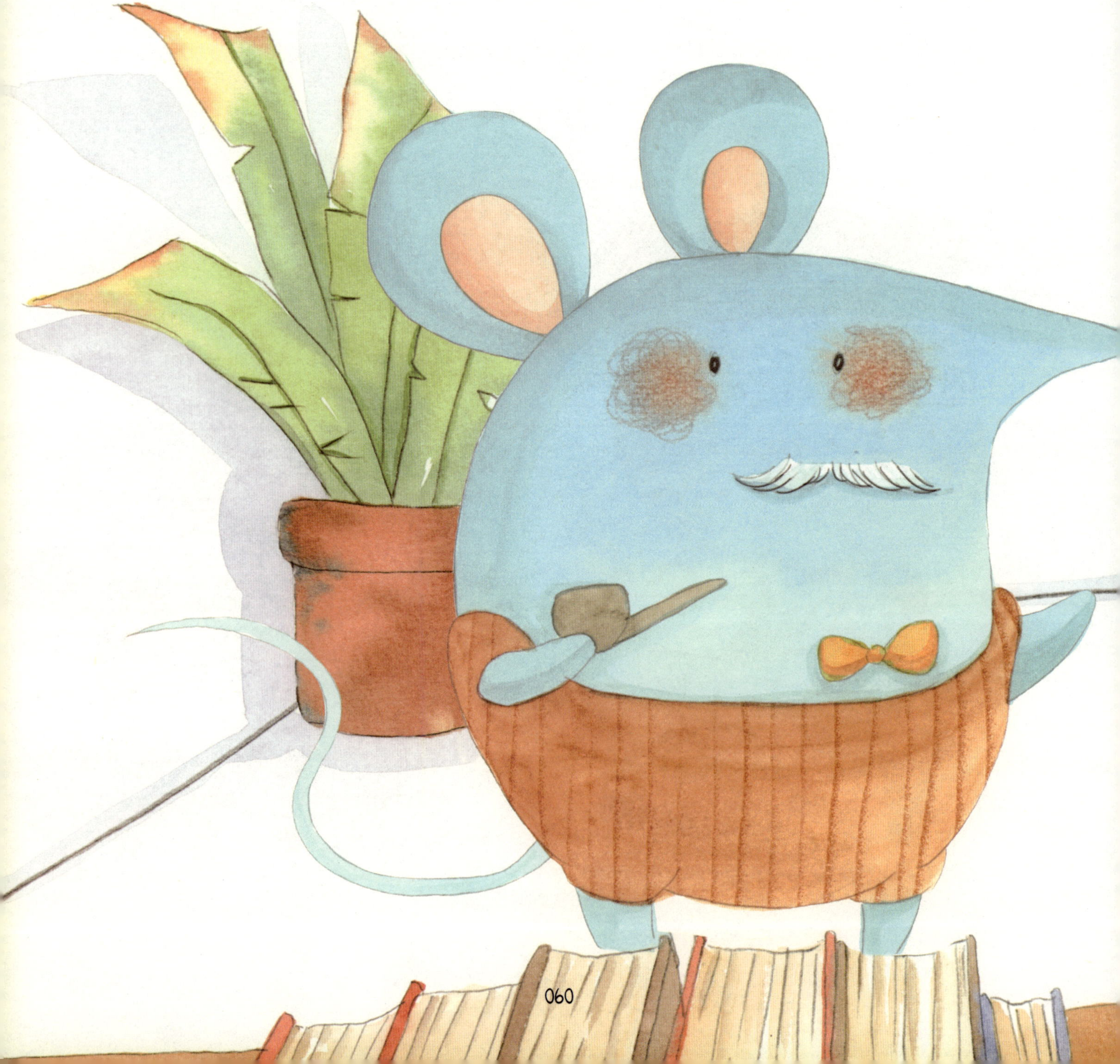

这天回家后，吱吱从抽屉里拿出爸爸很早之前送的"秘密武器"。有了它之后，吱吱做事情的速度就越来越快。

爸爸好奇地问："吱吱，怎么又把它拿出来啦？"

"我想让它也帮助嘟嘟改掉拖拉的坏习惯！"

第二天一大早,爸爸就把吱吱送到嘟嘟家里。

嘀嘀嘀!

嘀嘀嘀!

吱吱掀开窗帘,嘟嘟还想继续睡,吱吱把"秘密武器"放在嘟嘟的耳边。

嘟嘟好奇地问:"这是什么啊?"

"这是计时器,是爸爸送给我的。我把它送给你了。你刷牙,洗脸,换衣服,全都要快起来,不然计时器就会大声地催你!"

嘟嘟的妈妈帮嘟嘟把时间设置好。嘟嘟还愣在原地不动，这时，计时器设定的时间已经到了，开始"嘀嘀嘀"叫个不停。

嘟嘟连忙跑到洗漱间，发现妈妈在墙上贴了一张表格。

妈妈说："以后按照表格里的提示选牙膏，还要记住用温水洗脸。"

太棒了！嘟嘟很快就刷完了牙，洗好了脸。

该换衣服啦!嘟嘟发现床上已经放好了一套衣服。

吱吱说:"爸爸告诉我,晚上把要穿的衣服准备好,第二天早上就可以更快一些。你也可以这样试试!"

等嘟嘟换好衣服,才刚到七点半。

他跟着吱吱一起开开心心地来到了幼儿园。

"我今天吃到早饭啦!"

"妙妙,早上好!"
"莎莎,早上好!"

从那天以后,嘟嘟就成了每天第一个到幼儿园的小朋友!

给2岁孩子的故事

只有我的最好

明天就要去春游啦！该带些什么好吃的、好玩的呢？

吱吱说："明天，我要把整个超市的零食都带去春游！"

春游这天，小伙伴们把吱吱团团围住，看着他带来的一辆红色小汽车。小汽车的车门可以打开，而且只要吱吱按动手中的遥控器，小汽车就到处跑。

莎莎羡慕地说:"这小汽车太棒了!"

吱吱得意地说:"每天早上太阳升起的时候,这辆汽车还能自己飞起来呢!"

"是吗?"大家有点儿不相信。

午餐时间到了。小朋友们都把自己带的食物拿出来。莎莎拿出了烤面包，香喷喷的，大家都要流口水啦！

吱吱赶紧把自己的奶油蛋糕拿了出来:"我的蛋糕可不一般。看!这上面的奶油,是用意大利天空中的云朵直接做成的!"

妙妙拿出了自己带的果汁。装果汁的小瓶子可好看了，在阳光下闪闪发光。大家都纷纷过来问："这是什么果汁呀？"

妙妙说:"是葡萄汁!是新出的口味,很好喝。"

吱吱赶紧把自己带的饮料拿出来:"这个你们喝过吗?这是宇航员叔叔在太空旅行的时候收集的雨水!"

嘟嘟默默地拿出一根小黄瓜，"咔嚓咔嚓"地咬了起来。清香的味道，让小朋友们都扭过头去看着他："黄瓜好香啊！"

嘟嘟不好意思地挠挠脑袋："你们想吃的话，我这里还有呢！"

吱吱神气地说："我才不吃这种沾满了细菌的黄瓜呢！我带的小番茄是科学家在火星的实验室里无菌培养出来的！好吃又健康！"

079

午餐后,莎莎一直盯着吱吱的小汽车,她鼓起勇气问道:"吱吱,你的小汽车能不能借我玩一下?"

吱吱赶紧把小汽车抱在怀里:"不行不行,我自己还要玩呢。"

妙妙看着吱吱的蛋糕,小声地问:"吱吱,你的蛋糕,可以给我吃一口吗?我可以给你吃我带来的小饼干。"

吱吱"啊呜"一口把蛋糕全吞进了肚子里:"我才不要你的饼干!"

吱吱吃完蛋糕后,就把书包里的东西全都倒在了草地上。他一边翻一边说:"这个糖果,一颗能吃一个月;这块饼干,只要吃一口,一个星期都不用吃饭……"

然而，小朋友们都走开了，没有谁愿意围在他身边听他吹牛。吱吱呆呆地看着自己带来的一堆零食，心里可难过啦！

他开始后悔了，自己真不该吹牛啊。

给2岁孩子的故事

我不说谎

今天，老师带大家去春游，出发前，小朋友们都想着自己带的好吃的、好玩的。

看，草地上，小伙伴们把吱吱团团围住。

吱吱举起红色的小汽车说：“每天清晨，这辆汽车还能飞起来呢！”

嘟嘟默默地从自己的书包里拿出一辆小汽车，它跟吱吱的那辆长得一模一样。可是，这辆小汽车只能在地上跑，哪里能在天上飞呀！

野餐时间到了。小朋友们都把自己带的食物拿出来。

嘟嘟从自己的小书包里拿出一根小黄瓜,"吧嗒吧嗒"地咬了起来。清香的味道,让小朋友们都扭过头去看着他:"黄瓜好香啊!"

小伙伴们纷纷拿出自己的小零食,跟嘟嘟换黄瓜吃。除了吱吱,他看不起嘟嘟的黄瓜。

妙妙一边吃着黄瓜，一边问："嘟嘟，你的黄瓜也是科学家爷爷在火星的实验室培养出来的吗？"

"不是，不是。这是我爸爸自己种的！"

嘟嘟打开自己的饭盒,
香味把大家都引了过来。

莎莎问:"闻起来好香,这是不是意大利的厨师做的饭啊?可以给我尝尝吗?"

"不,这是妈妈早上给我做的蛋炒饭!来尝尝吧!"

小伙伴们把嘟嘟团团围住:"我也要!我也要!"

吱吱呢?他才看不上嘟嘟的蛋炒饭呢!

过了一会儿，小朋友们都拿出了五颜六色的小瓶子，有的装着果汁，有的装着牛奶。只有嘟嘟带的是自己平时用的保温杯。

妙妙好奇地问:"嘟嘟,你喝的是什么呀?"
"是白开水!妈妈说,喝白开水最健康了!"
除了吱吱,小朋友们都觉得嘟嘟的白开水是最好的,他们想,以后郊游也要带白开水。可吱吱不喜欢嘟嘟的保温杯和白开水。

吃完午饭，大家在一起玩玩具。
嘟嘟拿出了自己的红色小汽车。

妙妙惊讶极了："小汽车？它也能飞上天吗？"

"它只能在地上跑。"

莎莎问:"可以给我玩玩吗?"

嘟嘟开心地把遥控器递到莎莎手中:"我们一起玩吧!"

只带了蛋炒饭、黄瓜和白开水的嘟嘟,被小朋友们团团围住。他跟大家一起分享他带来的食物,大家也把自己好吃的零食分给他。吃完以后,还一起玩小汽车,大家别提多开心啦!

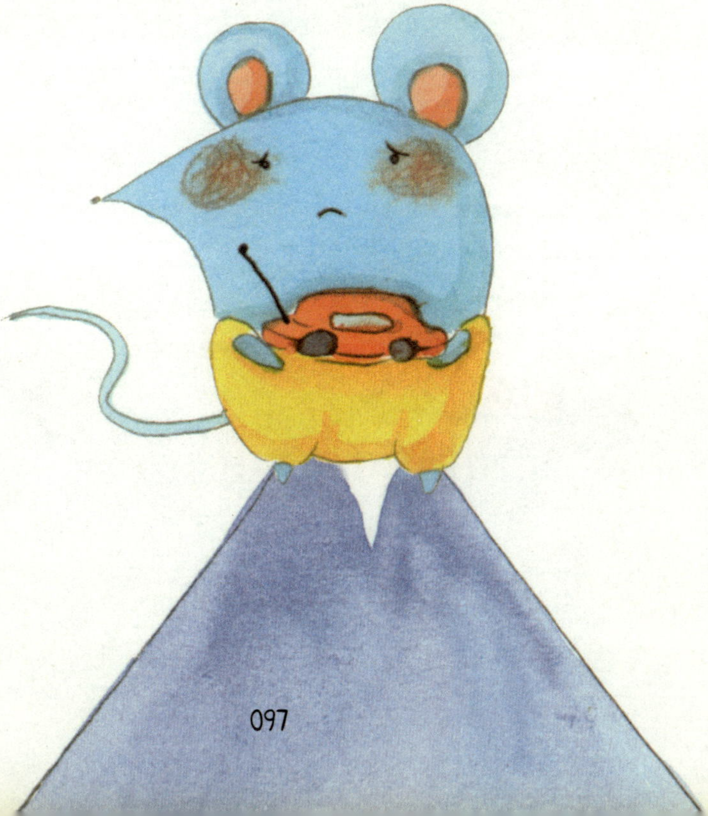

给2岁孩子的故事

都是走神儿惹的祸

早晨,老师拿着一个绿色的小纸箱走进教室,纸箱里装着许多小纸包。老师说:"每个纸包里都有一个神奇的小东西。只要大家认真听老师讲课,就能领走一个小纸包,还会有奇妙的事情发生!"

原来,老师要带小朋友们一起探究植物的秘密!

吱吱开始的时候也在动脑筋：是不是所有的植物都有种子呢？

想着，想着，吱吱突然看到了抽屉里没有完成的折纸。哎，还是先玩纸飞机吧！对折，翻开，再对折，继续对折……吱吱玩得入了迷。

老师还在继续讲:"植物分为种子植物、蕨类植物、苔藓植物、藻类植物这四大类。那么,什么是种子植物呢?"

吱吱在心里嘀咕着:种子植物不就是有种子的植物嘛!

这时，他一眼看到了莎莎面前有本图画书。趁着莎莎在认真听讲，吱吱悄悄翻了起来。

大家还在继续探究种子的秘密。

吱吱怎么觉得大家的声音越来越遥远了呢?

原来,吱吱趴在课桌上睡着了。

"哇!宇宙飞船来接我啦!等等我!"吱吱梦到了宇宙飞船,他不停地向宇宙飞船挥手,"哈哈哈哈。"他都笑醒了。

小朋友们听见吱吱的呼噜声和笑声,也都笑了起来。

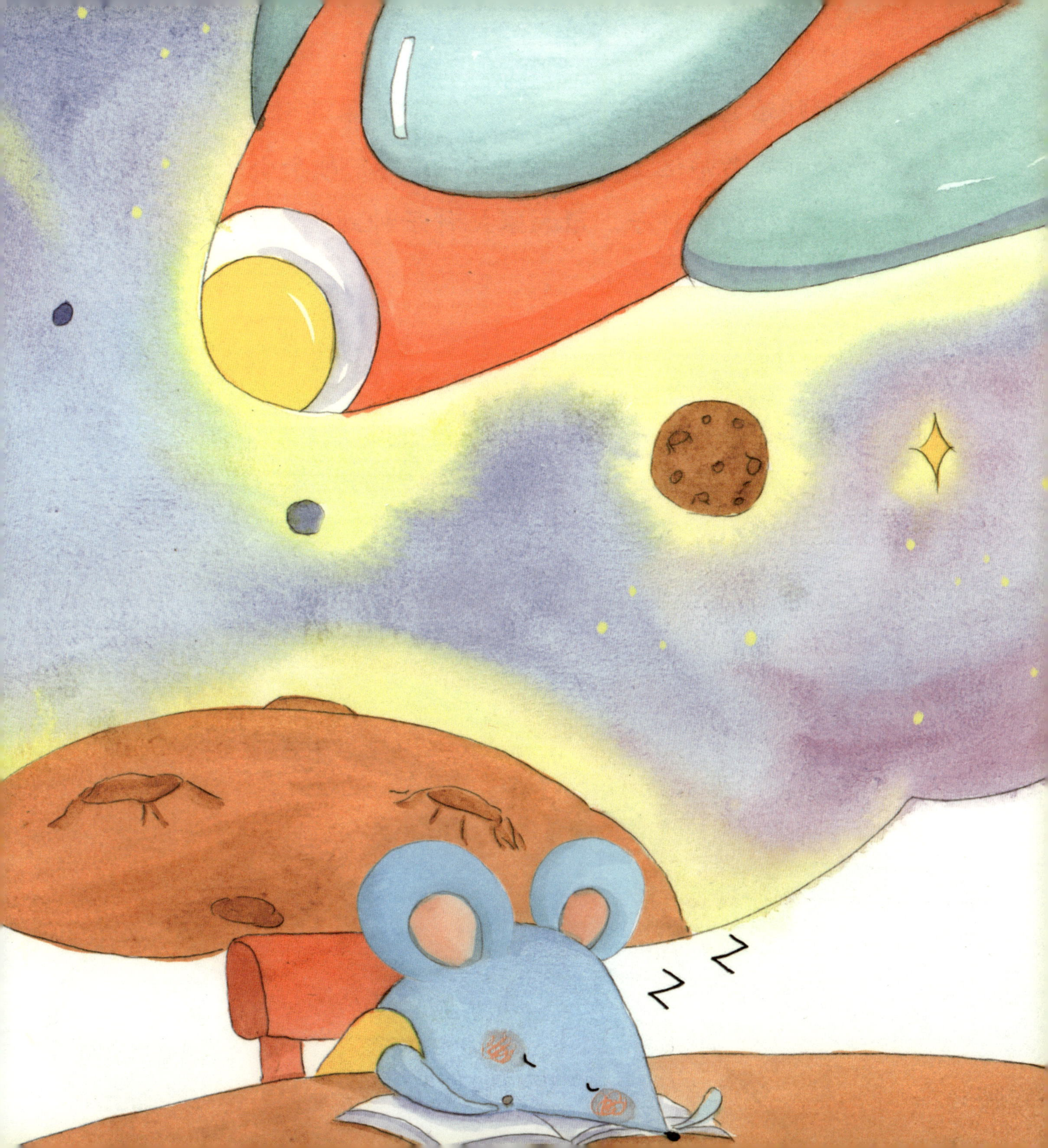

老师示意大家安静下来:"今天下课的时候,你们每个人都从老师这里领一个小纸包回家,每个小纸包里,都有一种植物的种子。请大家把种子种到花盆里……"

老师的话还没说完，吱吱又开小差了，他在想放学回家以后，是先看动画片呢，还是先去玩遥控汽车。

就在吱吱还在想着这个问题时，他被妙妙拉上了讲台，领了一个小纸包。

回到家，吱吱就跑到阳台上播种啦。因为老师说了，只要种子发芽了，就可以领到小礼物！

他找到妈妈的小花盆，把自己领到的小种子撒到了土里，还浇了水。可是，刚才他真的把种子倒进土里了吗？

两周后，小朋友们都捧着小花盆来到了教室。

"看，我的种子发芽啦！"

"我的也是！"

吱吱的花盆里什么也没有。他忍不住大哭起来。

老师问:"吱吱,你怎么啦?"

吱吱委屈地说:"我的种子没有发芽。"

可是,吱吱的种子到底为什么没有发芽呢?

(答案在下一个故事中哟!)

给2岁孩子的故事

我能认真听讲

早晨,老师拿着一个绿色的小纸箱走进了教室,纸箱里装着许多小纸包。老师说:"每个纸包里都有一个神奇的小东西。只要大家认真听老师讲课,就能领走一个小纸包,还会有奇妙的事情发生!"

原来,老师这次要带着小朋友们一起探究植物的秘密!

"你们觉得植物都有种子吗?"老师问道。

嘟嘟想：葵花子是向日葵的种子。

樱桃核是樱桃的种子。

就连跟小棉球很像的蒲公英也有种子。

……

是不是所有的植物都有种子呢?

这时，妙妙偷偷问嘟嘟："下课后去荡秋千吗？"
嘟嘟朝她"嘘"了一声，又继续认真听老师讲课了。

老师接着问:"……什么是种子植物呢?请大家想想。"

嘟嘟想:向日葵啊,葡萄啊,西瓜啊,这些有种子的植物应该都是种子植物吧?

这时,莎莎递过来一根棒棒糖。嘟嘟赶紧摆摆手,又继续认真听老师讲课了。

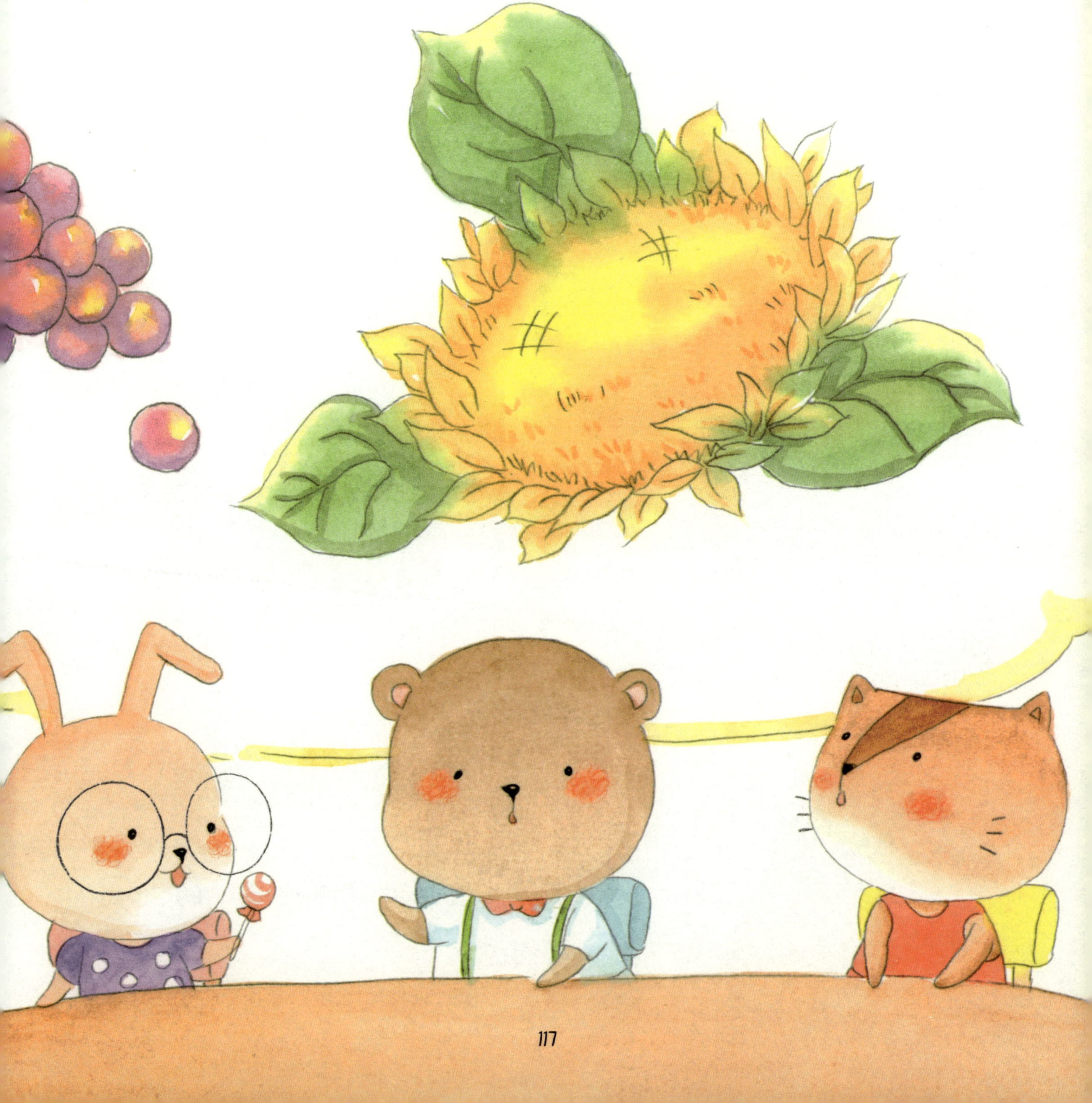

老师还在讲……

咦，怎么总有"呼噜噜"的声音在响呢？

"哇！宇宙飞船来接我啦！等等我！"原来是吱吱在课堂上睡着了，他不仅一直打着小呼噜，还说起了梦话。

小朋友们都笑了。嘟嘟笑了笑，但很快就坐直了，继续认认真真听老师讲课。

种子

快下课了，老师开始布置任务："老师送给每位小朋友一个小纸包，但是，并不是每一颗种子都会发芽。根据老师讲过的知识，你们用两周的时间来验证一下吧！只要能说明种子发芽或不发芽的理由，老师都会送给你们小礼物！"

嘟嘟使劲点了点头。他领的种子包上写着：苔藓。

回到家,嘟嘟找到妈妈的小花盆,把从老师那儿领到的种子包打开,打算开始撒种子。

他抖了抖小袋,咦,并没有种子出来。

嘟嘟把种子包整个撕开：里面根本没有种子呀！

想了好一会儿，嘟嘟终于明白了：因为苔藓本来就是没有种子的呀！它并不是靠种子来繁殖的。

两周后，小朋友们都捧着小花盆来到了教室。

吱吱和嘟嘟的花盆里，都没有长出小芽来。吱吱放声大哭。

嘟嘟说:"吱吱,你的种子不发芽就对了啊。我那天看到你的种子包上画着铁线蕨,这种植物本来就没有种子,也并不是通过种子来繁殖的,就跟我的苔藓一样。"老师点了点头,分给了嘟嘟一个漂亮的小礼物。

给2岁孩子的故事

我会保护自己

明天老师要带大家去植物园。

老师拿出来一枚亮闪闪的奖牌:"我们这次活动,要选出一个小英雄。小英雄可以获得这枚奖牌!"

第二天一大早，大家高高兴兴地来到植物园。

"小朋友们，要跟紧老师，不要走散了！"

嘟嘟在植物园大门口拿了一份地图，放进了包里。

吱吱笑了："植物园我来过无数次了！跟着小英雄吱吱走，怎么可能会迷路呢！"

129

正是春暖花开的季节,植物园里真美啊!

休息的时候,老师拿出水果刀,削好苹果,切成小块,叫大家一起过来吃。

吱吱一把抢过水果刀,插起苹果就要往妙妙嘴里送:"快,小英雄给你吃苹果!"

吱吱！你这样做太危险啦！

妙妙吓得赶紧退后了好几步，差点儿摔倒。

老师马上把水果刀收走了，并且严肃地告诉吱吱，不可以用刀插水果吃！

不一会儿，大家一起爬上了一座小山。

从上往下看去，是一大片绿油油的草地。

嘟嘟边走边提醒大家注意脚下的路。

吱吱趁着莎莎不注意，拉着她的手，"哧溜"一下就一起滑了下去："哇哇！小英雄冲下来啦！"草丛中有好多大大小小的石块，莎莎和吱吱的手臂和腿都被划伤了。

莎莎疼得眼泪都掉下来了。

吱吱揉了揉腿说:"这有什么好哭的。多刺激啊!"

突然,小狗欢欢叫起来:"哎呀,我们和老师走散了!"

大家四处看了看,谁也没看到老师。嘟嘟建议大家原地等候。吱吱却说:"别担心,大家都跟着我往前走。植物园我最熟!"

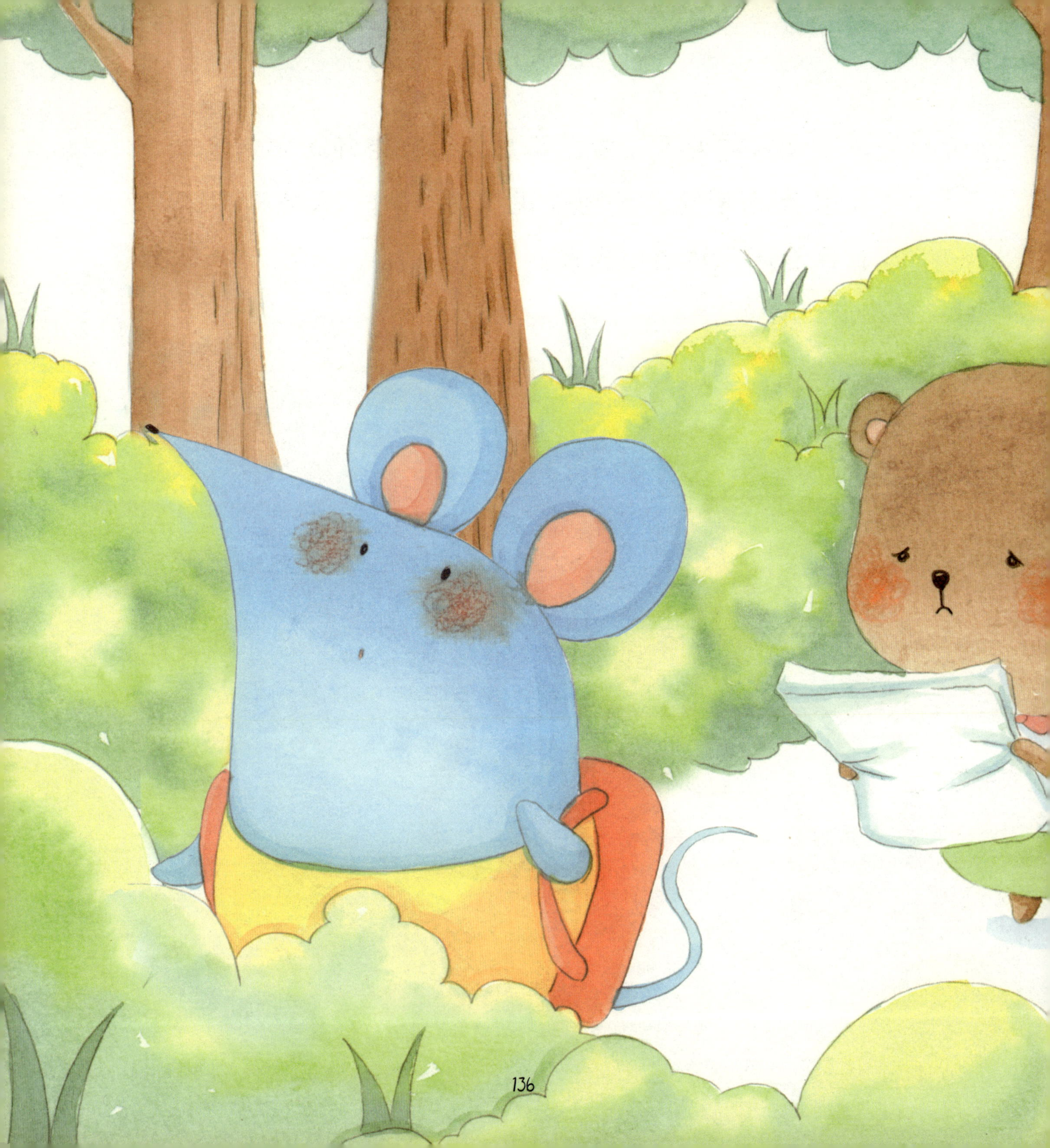

小朋友们跟着吱吱往前走。不知从什么时候开始,已经没有白色小卵石铺成的小路了。

四周也没有看到任何标识和地图。

嘟嘟赶紧把地图从包里拿了出来:"我这里有地图,看看我们现在在哪里。"

小朋友们围在嘟嘟身边,嘟嘟说:"我们刚才是从小山坡那边走下来的……所以,我们大概是在这个位置……那么,我们应该往回走一段,回到白色小卵石路上。"

吱吱不服气了:"就算你找到路,也不是小英雄!因为你总是这个也不行,那个也担心!小英雄才不是胆小鬼!"

嘟嘟说:"我不想当小英雄。妈妈说,能保护好自己和其他小朋友才是最棒的!"

小熊嘟嘟正铺开地图研究路线，不知道从哪里冒出来一个熊伯伯，他扛着个大箱子，问大家："小朋友们，要吃冰激凌吗？"

嘟嘟想起妈妈常常告诉他，不要随便吃陌生人给的东西。

"谢谢您，我们不吃！"

嘟嘟拉起小伙伴们的手，准备离开。

我要，我要。

叔叔，帮帮我们！

熊伯伯扛着箱子追了上来。

这时，从不远处开来了一辆摩托车。

一位穿着制服的老虎叔叔走了过来，他的样子看上去好凶啊！

妙妙拉了拉嘟嘟的衣角，害怕极了。

嘟嘟想起爸爸曾经告诉过他，遇到困难时，要学会找工作人员。

老虎叔叔严肃地问:"几个小孩子,没有大人陪着吗?"

妙妙急得哭了起来。嘟嘟也有点儿害怕了,他鼓起勇气说:"叔叔,您是植物园的工作人员吧!我们迷路了。请您帮我们拨打110吧!"

这时，熊伯伯走了过来："是这样，是我带着孩子们进来的，结果迷路啦！"

嘟嘟马上大声说："不是！我们跟着山羊老师一起来的，这个熊伯伯，我们根本不认识他！"

老虎叔叔认真地看了看嘟嘟，又问其他小朋友："你们认识这个熊伯伯吗？"

大家齐声回答："不认识！"

147

老虎叔叔把他们的方位告诉了植物园的安保中心。然后，他笑了："小朋友，你们很棒，懂得保护自己。现在警察叔叔去抓坏人了，你们跟着我一起去植物园的大门口吧，山羊老师在那里等你们呢！"

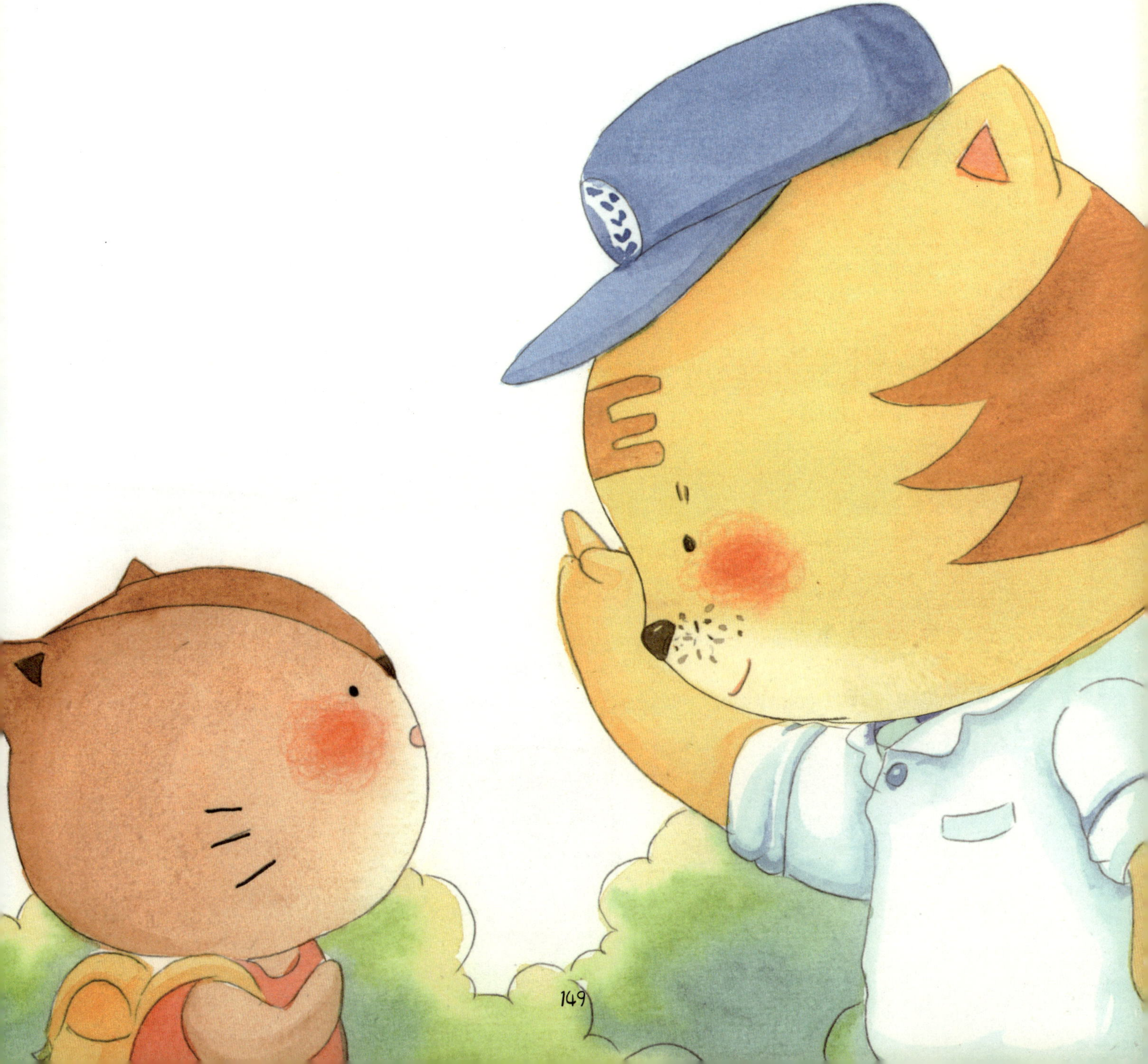

大家跟着老虎叔叔，平安地来到了植物园的大门口。

小朋友们你一言我一语，把遇到熊伯伯的事讲给老师听。

山羊老师拿着亮闪闪的小英雄奖牌,问:
"大家说奖牌应该给谁呢?"
"嘟嘟!嘟嘟!"
戴上奖牌的嘟嘟不好意思地笑了。

给2岁孩子的故事

就不给你玩

下课啦！吱吱撒腿就往玩具角跑。

"嘻嘻，这个是我的！那个也是我的！全都是我的！"

嘟嘟忍不住伸手想去摸摸地球仪，吱吱马上站起来，一把推开他，还把地球仪紧紧抱在自己怀里。

咦！莎莎在玩挖土机呢！她的旁边还有一个红色的小货车，莎莎把铲出来的沙子全都倒在小货车的车厢里，不一会儿就把车厢装满啦！这可比吱吱抢到的玩具好玩多了！

吱吱跑过去拿起小货车就跑。

玩了一会儿挖土机和小货车，吱吱又觉得没意思了。这时，他看见妙妙在玩植物拼图。

哇！是一朵向日葵！
哇！变成了一棵柳树！
哇！现在成了睡莲！

妙妙看见吱吱走过来,问:"要不要一起玩啊?"

吱吱哼了一声,把植物拼图拿起就走:"谁跟你玩,我要一个人玩,我喜欢的,就是我的!"

玩了一会儿植物拼图，吱吱又觉得没意思了。这时，小猴乐乐走了过来，他手里拿着一个变形金刚，看上去可真酷！

谁喜欢，谁抢到，就是谁的！

吱吱伸手去拿乐乐手里的变形金刚:"给我玩一下吧!"乐乐一把将玩具藏到身后,头摇得像拨浪鼓。

玩具是大家的,每个人都可以玩!

教室里，嘟嘟邀请莎莎玩起了小火车。"轰隆隆"，火车沿着轨道缓缓开动了，嘟嘟和莎莎开心得又蹦又跳。

在他们旁边，妙妙和乐乐搭起了积木。他们把积木一层一层叠上去，乐乐还让变形金刚坐在了积木搭成的房顶上！大家玩得可开心啦！

吱吱孤零零地坐在一堆玩具里。
明明他选出来的是最好玩的玩具。

可现在怎么觉得一点儿都不好玩了呢？而小伙伴们正在玩的玩具，都是吱吱挑剩下的，可他们为什么玩得那么开心呢？

给2岁孩子的故事

我们一起玩

下课啦!可以去玩玩具啦!只见吱吱像一阵风似的冲向玩具角。

嘟嘟大声喊着:"吱吱,慢一点儿,不用那么着急!"

等到嘟嘟来挑选玩具的时候,他最喜欢的地球仪已经不见啦!嘟嘟往四周一看,吱吱正在玩地球仪呢。

不可以!
这是我的玩具!

给我玩一会儿地球仪,可以吗?

吱吱扭头抱着地球仪到一边玩去了。

地球仪是幼儿园的玩具，谁都可以玩的。
怎么会变成吱吱一个人的玩具呢？

嘟嘟心想：可能是因为吱吱特别喜欢这个玩具吧！那就把地球仪让给吱吱玩吧！

于是，嘟嘟又去玩具角找其他的玩具了。

嘟嘟一眼就看中了小火车。他准备把一截一截的火车轨道全都找出来，拼接好。再把车厢也都找出来，小火车就可以"轰隆轰隆"开起来啦！

嘟嘟正玩得开心，看到莎莎走过来。于是邀请她："莎莎，咱们一起来玩小火车吧！"两个小伙伴开始开心地玩了起来！

妙妙抹着眼泪,走了过来:"吱吱把我的植物拼图抢走啦!"

莎莎赶紧从玩具角给她找到一盒积木:"积木也很好玩,你要不要搭个小城堡啊?"

妙妙还是不开心:"可是我不想一个人搭积木。"

这时,乐乐走了过来:"我们一起搭积木吧!"

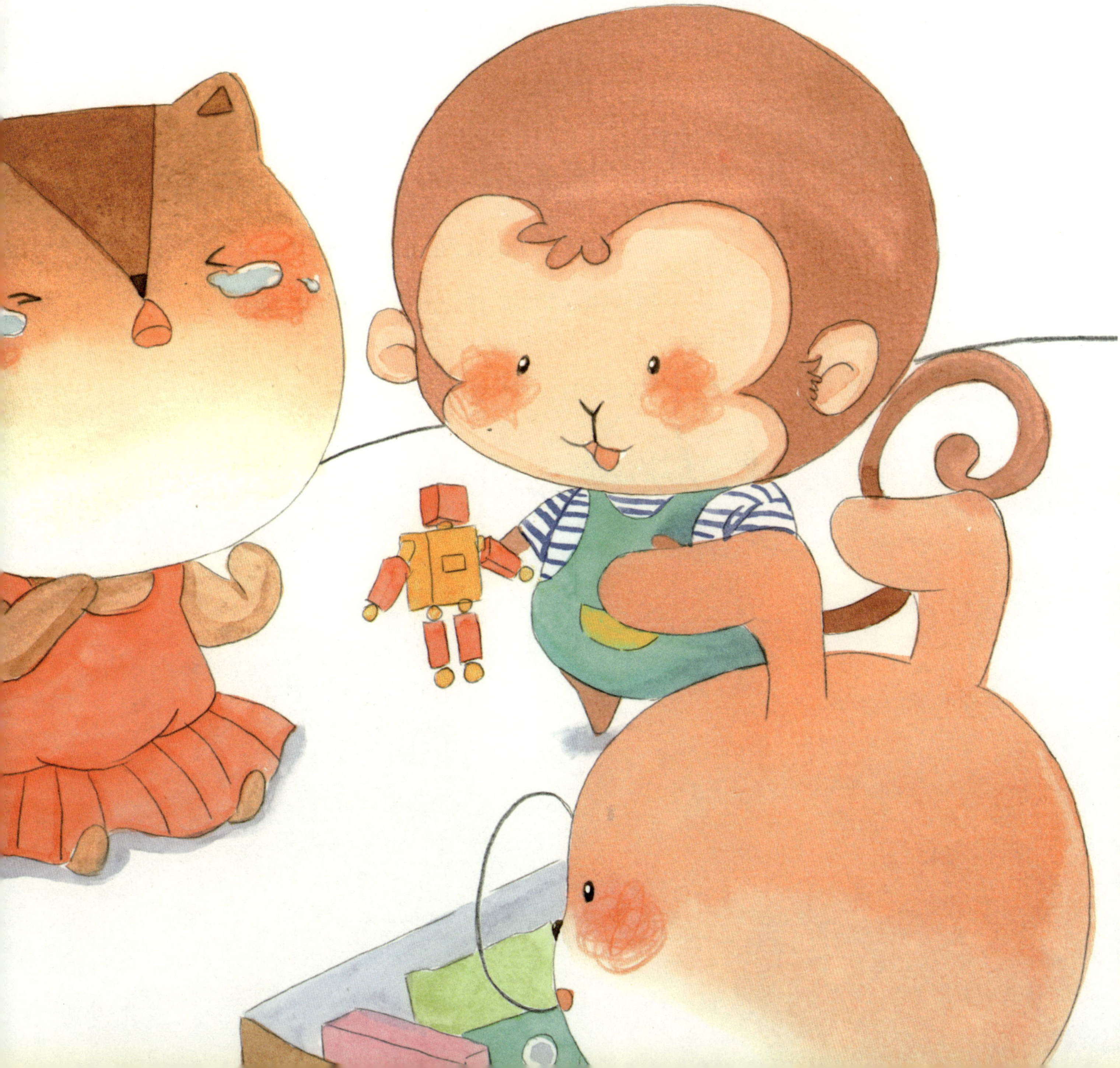

教室的一角，嘟嘟和莎莎玩小火车。车厢里运了小饼干、小玩偶，嘟嘟和莎莎开心得又蹦又跳。

在他们旁边,妙妙和乐乐正在搭积木。房子越砌越高,大家都玩得可开心啦!

嘟嘟看见吱吱一个人不开心地坐在角落里发呆。偶尔还会朝他们这边看看,似乎想跟大家一起玩,但又不好意思过来。

嘟嘟和其他小伙伴便都朝着吱吱挥手:"快来一起玩吧!大家一起分享才快乐呀!"

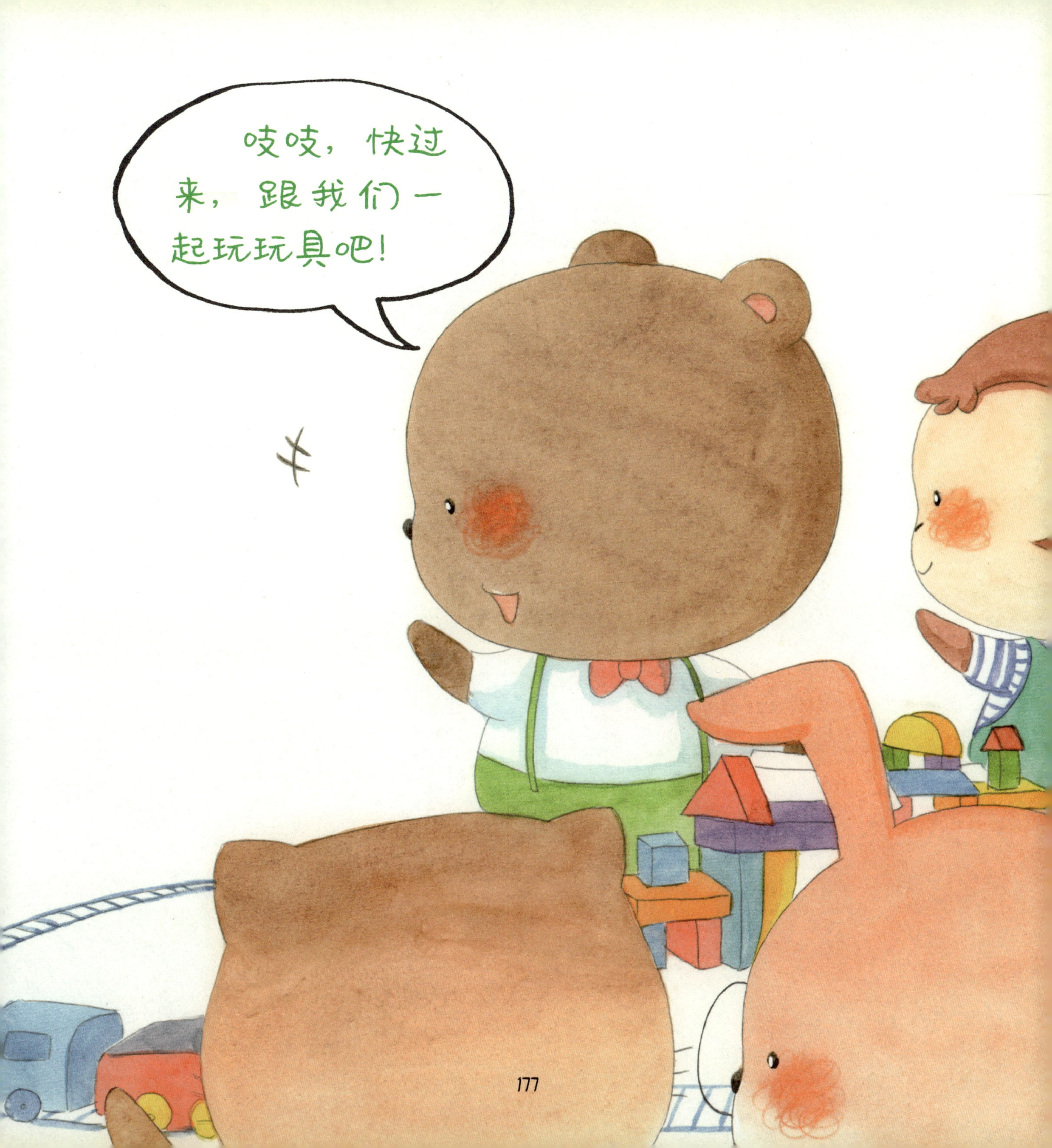
吱吱，快过来，跟我们一起玩玩具吧！

给2岁孩子的故事

我能自己做

嘟嘟家旁边有一个小游乐场，游乐场虽然不大，可是里面好玩的东西可多啦。

吱吱总是听嘟嘟说起这个游乐场，可他还从没进去玩过呢！

这周六，爸爸终于有时间带吱吱去游乐场玩啦！

路过嘟嘟家门口的时候，吱吱看见嘟嘟哭得很伤心。原来嘟嘟的妈妈要加班，不能陪他一起去游乐场玩了。

咱们一起去吧！

嘟嘟很开心能和吱吱一起去，不过，他要时时刻刻都跟吱吱在一起。

刚到游乐场门口，嘟嘟就想上厕所。

吱吱和爸爸一起把嘟嘟送到厕所门口，可嘟嘟低着头，害怕厕所里有怪物。

吱吱觉得其实嘟嘟可以自己去上厕所,但他还是拍拍胸脯说:"我陪你去!"

进了游乐场，吱吱一眼看见自己最喜欢的秋千，真想马上冲过去。可是，嘟嘟却让吱吱陪他玩滑梯。

我们去
玩滑梯吧!

吱吱想:如果嘟嘟可以自己去玩滑梯,他就可以在旁边荡秋千了。

嘟嘟拽住了他的手:"你可以跟我一起去吗?我怕别人推我。"

吱吱第一次来这个游乐场，
里面真是太好玩了！
吱吱想玩的东西太多了……

可是，嘟嘟不敢一个人玩，吱吱只能陪着嘟嘟去玩他想玩的游戏……

不一会儿，嘟嘟口渴了，吱吱又陪他去服务台喝水。

喝完水，嘟嘟想打弹珠，可是他们没找到打弹珠的游戏机。

于是，吱吱去找工作人员问路。

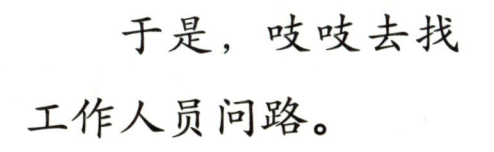

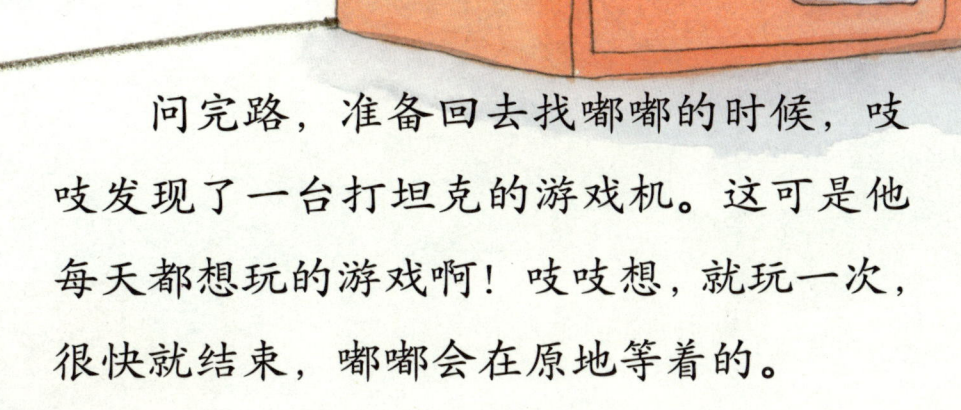

问完路，准备回去找嘟嘟的时候，吱吱发现了一台打坦克的游戏机。这可是他每天都想玩的游戏啊！吱吱想，就玩一次，很快就结束，嘟嘟会在原地等着的。

就在吱吱玩得起劲的时候,嘟嘟跑过来了:"太好了,吱吱!我还以为你被坏人抓走了,想要来救你呢!"

什么都不敢一个人去做的嘟嘟，因为担心吱吱被坏人抓走，竟然勇敢地独自一人来找吱吱了呢！

吱吱感动极了，紧紧地拉住了嘟嘟的手说："嘟嘟，你真棒！"

嘟嘟不好意思地笑了。从此以后，嘟嘟变得越来越独立勇敢，很多事都能自己完成了。

图书在版编目（CIP）数据

给 2 岁孩子的故事 / 禹田文化编 . -- 北京：海豚出版社，2024.8. -- ISBN 978-7-5110-7025-8

I . G613.3

中国国家版本馆 CIP 数据核字第 20248FC575 号

给2岁孩子的故事

禹田文化 / 编

出 版 人：王 磊

选题策划：禹田文化	责任印制：于浩杰　蔡丽　盛杰
责任编辑：杨文建　白 云	绘　　画：李佳佳　王晶晶　刘瑞
项目编辑：徐馨如	封面设计：沈秋阳
美术编辑：沈秋阳	内文设计：王 锦
营销编辑：方丹丹	法律顾问：中咨律师事务所　殷斌律师

出　　版：海豚出版社
地　　址：北京市西城区百万庄大街 24 号
邮　　编：100037
电　　话：010-88356856　010-88356858（销售）
　　　　　010-68996147（总编室）
印　　刷：小森印刷霸州有限公司
经　　销：全国新华书店及各大网络书店
开　　本：20 开（889mm×1194mm）
印　　张：10
字　　数：28 千
版　　次：2024 年 8 月第 1 版　2024 年 8 月第 1 次印刷
标准书号：ISBN 978-7-5110-7025-8
定　　价：38.00 元

退换声明：若有印刷质量问题，请及时和销售部门（010-88356856）联系退换。